Carrière
Steinbruch ethnologisch - kulturwissenschaftlicher Beiträge

Wolf Hannes Kalden

„Heut' ist die liebe Fasenacht, da hab' ich mir 'nen Spieß gemacht …“

Ein fasenachtlicher Heischebrauch im oberhessischen Wetter

Blick auf Stiftskirche St. Marien mit vorheriger Turmform
(Quelle: Bildarchiv Foto Marburg)

Kalden-Consulting (Hrsg.):
Carrière - Steinbruch ethnologisch-kulturwissenschaftlicher Beiträge.
Band: Kalden, Wolf Hannes: Heut' ist die liebe Fasenacht, da hab' ich mir 'nen Spieß gemacht…" Ein fasenachtlicher Heischebrauch im oberhessischen Wetter

Buch: ISBN 978-3-942818-35-3 3. Auflage
E-Book ISBN 978-3-942818-36-0

Herstellung: Books on Demand GmbH, Norderstedt

Biographische Informationen der Deutschen Bibliothek
Die Deutsche Bibliothek verzeichnet diese Publikation in der Deutschen Nationalbibliographie; detaillierte bibliographische Angaben sind im Internet über http://dnb.ddb.de abrufbar.

Inhaltsverzeichnis

„Heut' ist die liebe Fasenacht, da hab' ich mir 'nen Spieß gemacht…"

Ein fasenachtlicher Heischebrauch im oberhessischen Wetter

Kurz bevor alljährlich am Aschermittwoch Ruhe einkehrt, findet das bunt-närrische Treiben am Rosenmontag und Faschingsdienstag seinen Höhepunkt. Sicherlich mag die Karnevalstradition Oberhessens in den Augen des einen oder anderen Rheinländers verkümmert erscheinen, aber verdeckt finden sich in dieser Region stillere Formen. In der 10.000 Einwohner zählenden Stadt Wetter, nördlich der Universitätsstadt Marburg, zeigt sich die Fasenacht nicht in lauten, großen Prozessionen, sondern in einem kleinen, alten Brauch, der es wert ist, festgehalten zu werden: dem *Spießgehen*[1]. Dieser alte Heischebrauch kann als beispielhaft gelten für das allmähliche Verschwinden, beziehungsweise die langsame Umformung, in der jahreszeitlichen Fest- und Brauchkultur im Marburger Raum. Das *Spießgehen* findet sich nunmehr nur noch in der Kernstadt von Wetter, weder in den umliegenden Dörfern noch in einer anderen Stadt der Region, obwohl es in der Vergangenheit auch dort begangen worden ist. Selbst die Bestrebungen in den 1950er Jahren in der Stadt Marburg, den Brauch dort wieder aufleben zu lassen, konnten sein Verschwinden nicht aufhalten.[2]

Während die einheimischen Wetteraner mit dem *Spießgehen* groß geworden sind und ihn als jährlich wiederkehrende Alltäglichkeit wahrnehmen, wundern sich Ortsfremde bisweilen über die – zugegebenermaßen zunehmend kleiner werdenden – Horden verkleideter Kinder[3], die mit Holzspießen und Tüten bewaffnet am Fastnachtsdienstag durch die Altstadt von Wetter ziehen und nach Süßigkeiten und anderen kleinen Gaben heischen. Dabei ist *Spießgehen* weniger ein typisches Karnevalsritual, sondern vielmehr ein klassischer Heischebrauch, wie er losgelöst von der närrischen Zeit über Nordhessen sowie über Ostwestfalen verbreitet gewesen ist. [4] Dabei ziehen, je nach Region auch in Verkleidung, Kinder alleine oder in kleinen Gruppen - heutzutage auch zunehmend in Begleitung von Erwachsenen - durch die Städte und Dörfer und suchen Geschäfte sowie früher Privathaushalte auf, in denen sie gegen Aufsagen eines kurzen Spruchs Gaben erhalten. Diese werden auf die dafür vorbereiteten Holzspieße oder in die mitgeführten Plastiktüten gesteckt. Die so gesammelten Gaben werden bereits auf dem Weg oder später zuhause gegessen. Früher waren an diesem Tag neben den Kindern auch die Müllerburschen unterwegs und besuchten die Kundschaft ihres Arbeitgebers. In Wetter waren dies die Burschen der Nächsten-, Kranz- und der Walkemühle. Sie hatten zuvor beim Bäcker eine reifenähnliche Backware in Auftrag gegeben, die sie um den Hals trugen, während sie von Haus zu Haus zogen und Heischesprüche aufsagten. Beschenkt wurden sie oftmals mit Geld.[5] Im Gegensatz zu Heischebräuchen anderer Regionen gab und gibt es in Wetter keine standardisierten Drohungen gegenüber denjenigen, die die geforderte Gabe verweigern.

Wie alt der Brauch dabei in Wetter wirklich ist, lässt sich nur schwer sagen. Ernst Sangmeister bezeichnet ihn in seinem Buch *Alt-Wetter* 1924 als „merkwürdige Sitte“ [6], frühere Monographien[7] finden sich nicht. Erwähnt werden allerdings andere, mittlerweile ausgestorbene Bräuche. Da Publizisten aber schon immer eher das Interessante und Ungewöhnliche zu beschreiben versuchen, könnte das Ungenanntbleiben dieses Brauchs an seiner weiten Verbreitung gelegen haben. Was sich an schriftliches Quellen findet, wie Georg Landau (1959), Karl Wenckebach (1966), Jakob Henseling (1976)[8], Uwe Henkhaus (1991) und Christian Dörr (2004), verweist letztendlich immer auf Sangmeister (1924, 1959). Durch die fehlenden Quellen, die eine historische Entwicklung belegen könnten, kann sich jeder jener Autoren - wie der diesige auch - nur auf seine eigenen Erfahrungen und die von einem von ihm befragten Personenkreis beziehen. Doch gerade hier lauert das Grundproblem vieler qualitativer ethnologischer Untersuchungen[9], denn die meisten Interviewpartner, die erstmals zu einem solchen Thema befragt werden, lassen sich nur schwer davon überzeugen,

Fuhrstraße mit Blick auf St. Marien mit alter Turmform (Quelle: Bildarchiv Foto Marburg)

dass ihre persönliche Erfahrung es „wert" ist, festgehalten zu werden. Die erste Reaktion auf die Bitte nach einem Interview zu diesem Thema endete zumeist mit der Antwort der betreffenden Person, dass sie doch gar nichts dazu zu sagen habe.

In der Generation von Sangmeister war der Brauch allgemein bekannt, wurde von ihm sogar als „althergebracht" bezeichnet. Zudem ist seine räumliche Verbreitung über das nördliche Hessen und besonders das Waldecksche zu diesem Zeitpunkt, sowie seine Durchführung, d. h. mit einem Holzspieß umherziehend gegen das Aufsagen von Sprüchen Gaben zu erhalten, durch Georg Landau nachgewiesen worden.[10] Somit kann davon ausgegangen werden, dass seit mindestens dem 19. Jahrhundert in Wetter in der Fastnachtszeit von Haus zu Haus gezogen und Gaben eingesammelt wurden.

Die mündliche Überlieferung sieht die Quelle des *Spießgehens* in vorreformatorischer Zeit angesetzt. Im Vorfeld der nach Fastnacht beginnenden Fastenzeit schickten besonders ärmere Familien ihre Kinder zum Betteln los. Während diese Herleitung des Brauchs die enge Verbindung zu den Fastnachtsbräuchen herstellt, gibt es auch eine davon unabhängige Variante, die ihn noch weiter zurück ins Mittelalter datiert, wo er in Hungerszeiten entstanden sein soll. Zu jener Zeit soll auch die Sitte entstanden sein, als Kinder die Bauernhöfe der Umgebung an Schlachttagen aufzusuchen, um Wurst zu erbetteln. Mit weit aufgerissenen Mündern sollen die Kinder von den Bauersleuten gestanden und die jeweilige Wurst von Mundwinkel zu Mundwinkel abgemessen bekommen haben. In den benachbarten Gemeinden Caldern und Sterzhausen wurde sich bei diesen Gelegenheiten, wenn im Winter geschlachtet wurde, verkleidet und mit Sprüchen bei den betreffenden Bauern um ein Stück Wurst oder Speck gebeten. Interessant hierbei ist, dass sich in Wetter bei diesen Anlässen außerhalb der Fasenacht nicht verkleidet und keine Sprüche aufgesagt wurden. Dafür lief auch das *Spießgehen* zur Fastenzeit, soweit es vorkam, in den oben genannten Ortschaften ohne Sprüche und Verkleidungen ab.

Krämergasse (Quelle Bildarchiv Foto Marburg)

Jedoch kommen wir zurück zum Brauch in Wetter. Wie jeder andere Brauch oder auch jedes andere Ritual war das *Spießgehen* zeitlichen Veränderungen unterworfen. Während heutzutage jedes wettersche Kind problemlos daran teilnehmen kann, war das bis in die 1950er Jahre hinein nicht der Fall. Heischen galt aufgrund seiner Nähe zum Betteln als anrüchig und so konnten bisweilen Kinder aus so genannten „besseren Häusern“, wie Akademikerhaushalten, alteingesessenen Familien oder aus größeren landwirtschaftlichen Betrieben, nur heimlich mitgehen. Die Frage nach der Verkleidung der teilnehmenden Kinder ist lediglich für die Gegenwart eindeutig zu klären und wird von den beheischten Personen auch gefordert.

Im Gegensatz zu anderen Regionen, die eine mehr oder weniger durchgehende Karnevals- und Fastnachtstradition aufweisen können, scheinen Verkleidungen im Zusammenhang mit dem *Spießgehen* in Wetter eine relativ neue Erscheinung zu sein. Bei Befragung älterer Interviewpartner z. B. aus dem Lahntal waren Verkleidungen zur Faschingszeit unbekannt, andererseits scheinen sie um 1936/37 schon Gang und Gebe gewesen zu sein. Es heißt in Wetter sei die Tradition, sich beim *Spießgehen* zu verkleiden, Ende der 1920er, Anfang 1930er Jahre mit den damaligen Besitzern der Eisdiele nach Wetter gekommen. Diese hätten in rheinischer Karnevalsmanier in der Faschingszeit Feiern veranstaltet.

Wichtigstes und wohl über die Zeit am wenigsten verändertes Utensil dieses Brauches ist der Holzspieß, auch wenn Plastiktüten zunehmend an Bedeutung gewinnen. Landau beschreibt ihn lediglich als einen „dolchartig geschnitzten, etwa einen Fuß langen“[11] Stock. Dörr wird hierbei detaillierter:

> „Aus einem Haselnussstrauch hatten sie sich einen Stecken geschnitten, der von der Rinde befreit und an einem Ende angespitzt werden musste. Eine Handbreit über den Griff wurde der Stecken nun mit dem Messer durchstoßen, das Messer dann gedreht und durch den entstandenen Riss ein Querholz durchgeschoben. Es entstand damit ein Schwertchen mit Parierbügel.“[12]

In der „Standardversion“ wurde allerdings die Parierstange entweder mit Bindfäden oder einer dünnen Kordel befestigt, bzw. durch einen Bierdeckel, der lediglich aufgespießt wurde, ersetzt. Letzteres hatte den Vorteil, dass die Finger vor aus den aufgespießten Gaben austretenden Flüssigkeiten (Gebäckfüllungen, Mohrenköpfe, Wurstteile, etc.) geschützt wurden. Gedichtet wird bereits 1924 in dem bekannten Heischespruch:

> Heut' ist die liebe Fasenacht,
> da hab' ich mir 'nen Spieß gemacht.
> Drei Ellen lang, zwei Finger breit.
> Für Speck und Wurst ist er bereit.

Einen Spieß, der garantiert nicht der Standardversion entsprach, ließ eine ehemalige Eigentümerin eines kleinen Lebensmittel- und Spielzeugladens für ihren ältesten, damals zweijährigen Sohn anfertigen. „Er hatte einen gedrechselten Spieß bekommen, auf den er sehr stolz war. Als jemand ein großes Stück Wurst darauf gesteckt hatte, fing er an zu weinen, weil sein Spieß dreckig gemacht wurde... Die Wurst musste wieder heruntergenommen und der Spieß gereinigt werden“[13].

Jedoch kein Heischen ohne einen passenden Spruch. Neben traditionellen Sprüchen sind es aber gerade die Neuschöpfungen, die Freude machen, gleich ob lediglich Zweizeiler oder längere Dichtung. Die verwendeten Sprüche lassen sich grob in diejenigen, die sich die Kinder im Unterricht im Vorfeld von Fasching selber überlegt haben, und die „traditionelleren“, die sich bereits in der Literatur finden, unterscheiden. Von ihrer Länge reichen sie von Ein- („Gib!“) über Zweizeiler (z.B. „Ich komme aus Hessen und will was fressen“) bis zu längeren Sprüchen. Einen eigenen Unterpunkt bilden die Sprüche der Müllerburschen, die in den letzten Jahren mit dem Rückgang dieses Berufs auch nicht mehr Verwendung fanden:

Kinder am Faschingsdienstag um 1970 (Quelle: Privat)

Kinder am Faschingsdienstag in der Fuhrstraße 2013 (Quelle: Privat)

Kinder am Faschingsdienstag in der Fuhrstraße 2013 (Quelle: Privat)

Hab' gehört Ihr habt geschlacht'
und habt so schöne Warscht.

Ich bin der kleine Dicke,
ich wünsch' Euch viel Glücke,
ich wünsch' Euch ein langes Leben,
könnt mir auch ein Stück Bratwurst geben.

Ich bin der kleine Schorsch,
gebt mir ein Stück Worscht.

Ich bin des Kranzmüllers[14] Knecht.
Ich vertrete auch das Müllerrecht.
Ob groß oder klein,
dem Müller muss man dankbar sein.

Ich bin die kleine Erika
und komme aus Amerika.
Ich mache einen Knicks
und weiter kann ich nix.

Ich bin ein kleiner Floh
und sitze auf dem Klo.
Lasst mich nicht zu lange sitzen,
denn ich muss noch weiterflitzen.

Ich bin ein kleiner König,
gebt mir nicht zu wenig.

Lasst mich nicht so lange steh'n,
denn ich muss noch weiter geh'n.

Ich komme aus Polen
und will was holen.

Kling, kling, kling,
ich bin ein armes Ding!
Lasst mich nicht zu lange steh'n,
denn ich muss noch weitergeh'n.

Liebe, liebe Wose!
Steig se in die Ose[15]
Lang'se me en Stück Speck armeslang;
Kann se's nit gescheire[16],
lang'se me die ganze Seire[17].[18]

Wir kommen aus Hessen
und wollen ´was fressen.

Bei den Gaben zeigen sich Veränderungen, denn unbestreitbar ist die Zahl des gewährten Specks, der Wurst und der *Kräppel*[19] stark rückläufig, aber besonders in den Metzgereien und Bäckereien haben sich verständlicherweise diese Gaben gehalten. Insgesamt kommt es vermehrt zu dem Verschenken von nicht-spießfähigen Süßigkeiten (was den Trend zur Plastiktüte erklärt) und von Geld, das wohl eher der Verzweiflung entsprungen ist, der sich jemand gegenüber sah, wenn er von den Heischenden heimgesucht worden ist ohne vorbereitet gewesen zu sein. Hierzu findet sich eine nette Anekdote über einen nach Wetter gezogenen rheinländischen Anwalt:

Faschingsdienstag in der Bahnhofstraße 2013 (Quelle: Privat)

„Als der Anwalt aus dem Rheinland nach Wetter kam, war es lustig. Er dachte nicht, dass am Faschingsdienstag die Kinder auch in seine Kanzlei in der Fuhrstraße kommen würden. Außerdem kannte er so etwas gar nicht. Da habe ich die Kinder absichtlich rübergeschickt. Der Herr Anwalt war gar nicht darauf vorbereitet und verteilte 50 Pfennig Stücke an die Kinder. Das war damals noch sehr viel. Außerdem hat sich das unter den Kindern schnell herumgesprochen und alle wollten zur Kanzlei gehen. Schließlich kam eine Angestellte rüber und hat eine Kiste Lutscher gekauft. Im darauf folgenden Jahr hat er ein Schild aufgestellt, dass alle Kinder reinkommen sollen."[20]

Neuere Tendenzen in der Ausübung des *Spießgehens* zeigen sich nicht nur darin, dass eigentlich nur noch Einzelhandelsgeschäfte, Arztpraxen, Anwaltskanzleien und dergleichen aufgesucht werden und keine Privathaushalte und Bauernhöfe mehr, wie das bis vor wenigen Jahren noch *Usus* gewesen ist, sondern auch im Verhalten der Kinder: die Sprüche werden zunehmend kürzer und sind weniger originell, immer häufiger sind Kinder bar jeder Verkleidung unterwegs und wer von ihnen noch einen Holzspieß mit sich herumträgt, fühlt sich wohl bald als Minderheit. Daher ist es für diejenigen, welche selber als Kinder am *Spießgehen* teilnahmen, schön zu hören, dass es auch Geschäfte gibt, die diese Kinder und ihre Mütter, die zunehmend die einzelnen Kinder oder Gruppen begleiten, unverrichteter Dinge wieder wegschicken, wenn die Utensilien fehlen.

Die Anzahl heischender Kinder kann dabei leicht unterschätzt werden. Wenn beispielsweise innerhalb von drei Stunden über 500 Waffeln an Kinder verteilt werden, lässt alleine diese Zahl nachvollziehen, dass der eine oder andere Geschäftsinhaber schon darüber nachgedacht hat, an diesem Faschingsdienstag sein Geschäft generell geschlossen zu halten. Wer einmal als Kunde ein von heischenden Kindern wimmelndes Geschäft betreten hat, weiß, wie viel Geduld die Angestellten aufbringen müssen. Wer sich fragt, woher eigentlich die ganzen Kinder kommen, sollte wissen, dass nicht mehr nur Kinder aus

Wetter an diesem Brauch teilnehmen, sondern diese regelrecht aus dem Umland herangekarrt werden, nur um kostenlos Süßigkeiten abzusahnen. Wer weiß schon, dass früher eigentlich die Kinder nur bei den Geschäften heischten, bei denen ihre Eltern Kunden waren. Gerade dieses Interesse und der Andrang der Kinder sind, die nahe legen, dass dieser Brauch auch in der nahen Zukunft nicht verschwinden wird.[21]

Obwohl während des *Spießgehens* alljährlich eine große Gruppe unbeaufsichtigter Kinder „bewaffnet“ durch die Straßen ziehen, kam es bisher nicht zu bekannt gewordenen größeren Unfällen. Lediglich einmal ist zu einem Unfall am Faschingsdienstag gekommen, als ein unvorsichtiges Kind von einem Auto angefahren worden ist.

Aufgang Fuhrstraße Ecke Gänseberg zum Klosterberg (Quelle: Bildarchiv Foto Marburg)

Interviewpartner

Die befragten Personen sind mit vollständigem Namen bekannt, aus datenschutzrechtlichen Gründen ist allerdings auf eine Nennung des Namens verzichtet worden. Einen besonderen Dank möchte ich dem Wetteraner Geschichtsverein aussprechen, bei dem ich mit meinen Fragen immer ein offenes Ohr fand.

Datum der Befragung	Altersklasse
	(0-20, 21-40, 41-60, >61-90, >91)
30.03.2004	>91
02.04.2004	41-60
28.05.2004	61-90
02.04.2004	61-90
15.04.2004	21-40
23.05.2004	21-40
19.04.2004	21-40
09.04.2004	>91
17.04.2004	61-90
28.03.2004	61-90
28.03.2004	61-90
05.05.2004	21-40

Literaturverzeichnis

ATTESLANDER, Peter

2000 Methoden der empirischen Sozialforschung; Berlin/New York Walter de Gruyter.

DÖRR, Christian

2004 Der Burgwald aus der Reihe ,Schriften zur Stadtgeschichte' Band 14, Wetter, o.V. (Vorabexemplar).

GIRTLER, Roland

2001 Methoden der Feldforschung; Berlin/Köln/Weimar Böhlau Verlag.

HENKHAUS, Uwe

1991 Das Treibhaus der Unsittlichkeit. Lieder, Bilder und Geschichte(n) aus der hessischen Spinnstube, Marburg, Hitzeroth.

HENSELING, Jakob

1976 Die Geschichte von Oberrosphe: Oberrosphe im Burgwald - Stadtteil von Wetter; Wetter, Magistrat der Stadt.

HUMBURG, Norbert

1976 Städtisches Fastnachtsbrauchtum in West- und Ostfalen; Münster, Volkskundliche Kommission für Westfalen.

LANDAU, Georg

1959 Sitte und Brauch in Hessen vor Hundert Jahren aus der Reihe ,Hessische Forschungen zur geschichtlichen Landes- und Volkskunde' Heft 4; Kassel und Basel, Bärenreiter.

SANGMEISTER, Ernst

1924 Alt-Wetter, Wetter, o.V.

1959 „Alt-Wetter" in Werner Hetsch Wetter. Einst und Jetzt. Bilder und Berichte aus der Geschichte der Stadt Wetter, Wetter, o.V., S. 53-54.

SCHMIDT-LAUBER, Brigitta
2001 „Das qualitative Interview oder: Die Kunst des Reden-Lassens" in Silke Göttsch/Albrecht Lehmann (Hrsg.) Methoden der Volkskunde. Positionen, Quellen, Arbeitsweisen der Europäischen Ethnologie; Berlin Dietrich Reimer Verlag; S.165-186.

WENCKEBACH, Karl
1966 Zur Geschichte der Stadt, des Stiftes und der Kirche zu Wetter; Wetter, Evangelische Kirchengemeinde.

Call for participation: Carrière – Steinbruch ethnologisch-kulturwissenschaftlicher Beiträge

Eine künstlerische oder privatwirtschaftliche Karriere, Erfolg im Vorankommen im Allgemeinen oder eine Ämterlaufbahn sind nur einige Beispiele dessen, mit dem französischen Begriff „carrière" assoziiert wird. Jedoch gibt es noch eine weitere Bedeutung, die eines klassischen Steinbruchs. Gerade ein solcher Steinbruch steht hier als Metapher Pate für unsere Reihe *Carrière – Steinbruch ethnologisch-kulturwissenschaftlicher Beiträge*, denn dieser ist mehr als nur ein Titel – er ist ein Motto. Die Reihe *Carrière* vertritt zwei Ansätze: wie andere Publikationsformen möchte sie Studierenden höherer Fachsemester sowie noch dem Fach verbundenen Akademikerinnen und Akademikern in den Instituten wie auch außerhalb der universitären Welt eine Plattform für von ihnen bearbeitete Themen bieten. Eine Plattform, über die ihre ausgefeilten Manuskripte, Referate oder Essays ein Publikum außerhalb der Hörsäle erreichen, denn oft finden sich gerade bei jungen Autorinnen und Autoren gute und förderungswürdige Ansätze, die aber leider häufig verloren gehen, da sie keinen Eingang in spätere, veröffentlichte Arbeiten finden. *Carrière – Steinbruch ethnologisch-kulturwissenschaftlicher Beiträge* bedeutet aber auch, dass es sich dabei eben nicht nur um in sich geschlossene, fertig gestaltete Arbeiten handeln muss, sondern es gerade unfertige, thematisch angerissene Projekte sein können, die ähnlich einem heraus gebrochenen und roh vorgearbeitetem Stein der Allgemeinheit zugänglich gemacht werden, damit ein weiterer Künstler respektive Handwerker seines Faches diesen Stein aufgreift und vollendet. Gerade diese rohen Steine versuchen wir für *Carrière* - Steinbruch - zu finden.

Geboren wurde die Idee zur Reihe *Carrière* 2007 im Zuge der Publikation des Sammelbandes *Japan im internationalen Kontext – Beiträge kultur- und sozialwissenschaftlicher Japanforschung*, in dem der Beitrag eines Professors neben dem von Mitgliedern des wissenschaftlichen Mittelbaus wie auch Studierenden unterschiedlicher Fachrichtungen in einem Band unter dem verbindenden Thema Japan vereint wurden. Es blieb damals bei diesem einmaligen Projekt. Ziel von *Carrière* ist es nun, mit diesem Projekt eine Reihe zu schaffen, die nicht nur für wenige Jahre auf der Bildfläche erscheint, sondern langfristig sich als

„Steinbruch“ etabliert. Dauerhaftigkeit von Projekten steht und fällt verständlicherweise mit der Finanzierung und so finanzieren die bereits publizierten Bände den Druck der jeweils neu hinzukommenden. Daher kann gesagt werden, dass bei vorbereitender redaktioneller Mitwirkung auf die Autorinnen und Autoren des jeweiligen Bandes keine Selbstbeteiligung bei den Druckkosten hinzukommt. Somit lässt sich natürlich der Turnus, in dem einzelne Bände erscheinen, im Vorfeld nicht genau festlegen. Mit ihrem Erscheinen gehen die einzelnen Bände in den internationalen Vertrieb und sind sowohl als Printausgabe als auch Ebook über den stationären wie auch online Buchhandel verfügbar. Ein Einspielen in einen Verbundkatalog er-folgt ebenso wie die Abgabe der Pflichtexemplare. Dabei nimmt *Car-rière - Steinbruch ethnologisch-kulturwissenschaftlicher Beiträge* sowohl Originalbeiträge in deutscher als auch englischer Sprache an. Beigefügte Bilder oder Unterlagen müssen einen Herkunfts- und Erlaubnisvermerk für die Wiedergabe haben. Es liegt jeweils bei der Autorin oder beim Autor sicherzustellen, dass der eingereichte Beitrag keine Rechte bspw. anderer Publikationsplattformen, bei denen sie even-tuell inhaltlich ähnliche Aufsätze eingereicht haben, verletzt. Gerne können einzelne Bände der Reihe auch zu Sammelbänden von Beiträ-gen mehrerer Autorinnen und Autoren ausgebaut werden.

Als kurzer Einblick in die vergangenen Jahre der Reihe *Carrière* seien hier beispielhaft ein paar Themenbände genannt: So befasste sich die letzte Ausgabe mit der Studentenschaft der Philippsuni-versität Marburg in den 1920er Jahren (*Die Philipps-Universität Mar-burg und ihre Studentenschaft im Jubiläumsjahr 1927*: 2020), ein anderer Band mit den Ursprüngen der japanischen Elektroindustrie (*Kishi Keijiro und die japanische Elektroindustrie*: 2015/2022), zwei weitere mit Hiroshima als kulturellem Gedächtnisort (*Gedächtnisort Hiroshima*: 2020 & *Horatores Pacis – the peace declarations oft he mayors of Hiroshima* 1947-2014: 2014) oder einer mit einem fasenachtlichen Heischebrauch in Oberhessen (*Heut` ist die liebe Fasenacht, da hab ich mir nen Spieß gemacht*: 2018/2022). Somit lädt die Reihe *Carrière – Steinbruch ethnolo-gisch-kulturwissenschaftlicher Beiträge* alle ethnologisch-kulturwissenschaftlich Forschenden, losgelöst von ihrem fachlichen Schwerpunkt, ein, einen Beitrag oder Essay einzureichen, der als eigenständige

Veröffentlichung im Rahmen der Reihe publiziert wird. Willkommen sind Beiträge aus allen kulturwissenschaftlichen Disziplinen und Strömungen. Ein regionaler Fokus ist nicht vorgegeben.

Mit Freude sehen wir Ihrer Partizipation entgegen.

Richten Sie Ihre Anfragen oder Manuskripte direkt an den Herausgeber der Reihe:

Wolf Hannes Kalden
Kalden-Consulting
Orber Straße 24
63639 Flörsbachtal
info@kalden-consulting.de

Endnoten

[1]Weder die dürftige Literatur zum *Spießgehen* in Wetter, noch die befragten Interviewpartner konnten, weder auf Hochdeutsch noch in Mundart, eine Bezeichnung dieses Heischebrauchs geben. Es heißt immer nur „mit dem Spieß gehen". Der Begriff „heischen" findet keine Verwendung.

[2] vgl. Landau 1959:26

[3] Der Inhaber eines Wetteraner Tapetengeschäftes soll spaßeshalber Beginn der 1980er Jahre als Erwachsener zum Spieß gegriffen und bei diesem Brauch teilgenommen haben. Die Aufzeichnungen der dabei gemachten Erfahrungen befinden sich aber im Privatbesitz der Familie und sind nicht der Öffentlichkeit zugänglich gemacht worden.

[4] In Ostwestfalen hat sich der Brauch, wenn überhaupt, rosenmontags gehalten. Vgl. Humburg 1976:140.

[5] Vgl. Dörr 2004:o.S. Hierbei gibt er allerdings keine Zeit an, bis wann dieser Brauch vollzogen wurde. Landau berichtet diesen Brauch aus Grebenstein (1959:26).

[6] 1924:42

[7]Diesem Essay zugrunde liegen lediglich Monographien; eventuell vorhandene Akten sowie Quellen, wie sie sich vielleicht z. B. im Staatsarchiv Marburg finden, blieben unberücksichtigt.

[8] Interessanterweise beschreibt Henseling das *Spießgehen* am Ende der Spinnstube in Oberrosphe (vgl. 1976:185). Da es diese allerdings in der Kernstadt nicht gab, kann ein solcher Zusammenhang für Wetter nicht hergeleitet werden. Wie bereits erwähnt, ist dieser Brauch in den umliegenden Dörfern, so auch in Oberrosphe mittlerweile ausgestorben.

[9] Da der Autor selber in Wetter aufgewachsen ist, musste darauf geachtet werden, während der gesamten Vorbereitung dieses Essays, sowohl bei Sichtung schriftlicher Quellen als insbesondere bei den Befragungen und Interviews die herausdestillierten Informationen nicht an die eigene Sicht auf diesen Brauch und die eigene Erinnerung anzupassen. Dies wäre eine unzulässige Form der Induktion. Andererseits ermöglicht diese Position mehr oder weniger problemlos die von Malinowski verlangte Sicht „von innen", mit der eine Kultur untersucht werden sollte (vergleiche hierzu vgl. Girtler 2001:42f). Durchgeführt wurden die Befragungen letztendlich in einem offenen Interview, das in den Wohnungen der Befragten stattfand, was zu einer grundsätzlichen Entspannung der Atmosphäre beitrug. So konnte verhindert

werden, dass sich der Interviewte nicht auf eine Rolle als Datenlieferant reduziert sieht (vgl. hierzu vgl. Schmidt-Lauber 2001:174f). Zu der konkreten Durchführung wie auch Kritik an der Terminologie verweise ich auf Girtler und seinem „ero-epischen Gesprächs".

[10] 1959:25

[11] 1959:25

[12] Dörr 2004:o.S.

[13] Aus einem Interview im Frühjahr 2004.

[14] bzw. des „Nächstenmüllers", etc. Es wird einfach der Name der betreffenden Mühle eingesetzt.

[15] Esse, Rauchfang

[16] schneiden

[17] Seite

[18] Gefunden in Landau 1959:26, bekannt auch in der Region Wetter. Übrigens der einzige Spruch, der mir in Mundart genannt wurde.

[19] Krapfenähnliches Gebäck (norddeutsch: *Kräppelchen*), mit oder ohne Fruchtmusfüllung.

[20] Aus einem Interview von 2004

[21] Auch wenn 2012 die Stadt Wetter gerade dieses versucht zu haben scheint, indem sie die Kinderkarnevalveranstaltung gerade auf den Nachmittag des Faschingsdienstags legte.